Natalie Irber

Sehnsucht nach Leben

TRA
BAN
TEN

FSC
www.fsc.org
MIX
Papier aus verantwortungsvollen Quellen
Paper from responsible sources
FSC® C105338

1. Auflage März 2024

Veröffentlicht im Trabanten Verlag
Berlin, März 2024

ISBN: 978-3-98697-069-7

www.trabantenverlag.de

FÜR DICH.

Das hier bist Du
das hier bin Ich
das hier ist Gefühl.

Das hier ist Realität
und Illusion zugleich.

Ohne Raum
und ohne Zeit.

Es ist Liebe.
Es ist Schmerz
und der Sehnsucht
nach Leben.

INTRO

ES IST FÜR DICH UND FÜR ALLE,
DIE NACH HOFFNUNG SUCHEN.
FÜR ALLE, DIE GERADE ZUM HEILEN VERSUCHEN.
DU BIST IMMER GENUG UND
KEINESWEGS ZU VIEL.
DU BIST NICHT ZU SENSIBEL
ODER ZU SCHWACH,
SONDERN EIN EINZIGARTIGES WUNDER
IN EINER WELT, DIE NICHT DEN REGELN
EINES THEATERSTÜCKES FOLGT.

INHALTSVERZEICHNIS

I. IM SCHATTEN

II. TIEFSCHWARZ

III. SUCHE

IV. SEHNSUCHT

V. IM LICHT

MANCHMAL FÜHLE ICH

GEFÜHLT ZU VIEL

I

IM SCHATTEN

Du wunderbares Gefühl
nichts auf dieser Welt
fasziniert mich mehr als Du.
Wie einnehmend stark Du bist.
Wie Du meine Seele umgreifst.
Wie verwundbar Du mich machen kannst.
Wie wunderschön Du bist.
Du ziehst mich in Deinen Bann
und es fühlt sich so unendlich an.

Weißt du

was das ist?

Das zwischen uns?

Diese Verbindung

Das ist Magie

denn Liebe ist magisch.

Findest Du nicht auch ?

Mit Dir

bin ich Ganz

Du bist das eine Teil

dass ich vergebens

an mir suchte

DACHTE ICH

Du bist für mich
der Mond
Ich ein Stern.
Auf dem ersten Blick
so nah
doch in Wahrheit
ungreifbar fern

ICH MÖCHTE NICHTS VON DIR

ICH MÖCHTE ALLES MIT DIR

Du bist der Ozean,
meiner Tränen

Du bist Liebe
Du bist Schmerz
zugleich.

Du bist Du
-Mein Ozean.

Dauerschleife

Ich weiß
Du hast es nicht so gemeint
Ich weiß
es ist der Schmerz in dir
Ich weiß
Du liebst mich
irgendwo in dir drin
ganz klein dieses Licht

Ich kann es sehen.
noch.

Nur weiß ich auch,
dass ein:
„Tut mir leid“
kein Radiergummi ist.

Ich möchte dieses Gefühl zurück.
Dieses eine Gefühl
als wir uns kennenlernten
ohne die gesamte Last
ohne den Alltag
der über uns
hereinbrach

Glashaus

Vielleicht
hätte ich dich
nicht hineinlassen sollen
in mein Haus aus Glas
aber woher
hätte ich denn
Wissen sollen
dass ausgerechnet Du
mit Steinen um dich wirfst

Die Angst dich zu verlieren

war größer

als der Schmerz

bei dir zu bleiben

DU GABST MIR
DAS SCHÖNSTE
UND SCHRECKLICHSTE
GEFÜHL
ZU GLEICH

Für dich
habe ich
jede Regel
gebrochen
die ich jemals
an mich selbst
gestellt hatte.

Für dich
habe ich mich
selbst betrogen.

Mich selbst verloren.

Oh,

Könnten wir beide

doch nur

wieder Fremde sein?

Mein Versuch
wegzulaufen
scheitert
der Liebe wegen.

Es ist doch Liebe?
Oder?

ICH WÜNSCH MIR DOCH NUR
ZWEI HERZEN MIT DEM
SELBEN TAKT

7 Jahre Pech

Ich kann meine Wut
in jeder einzelnen Pore spüren
Die Verzweiflung
Die Machtlosigkeit
Ich bin so enttäuscht
Ich sehe meinem Gegenüber tief in die Augen
Ich hasse diese Person vor mir
Sie macht mich so wütend

Ich hole aus
mit voller Kraft
schlag zu
Schmerz durchdringt
meine Hand.
Mein Gegenüber verschwunden
Blut tropft
auf den Boden.

Sie bin Ich
-mein Spiegelbild.

Wie lange
ich nicht
ich selbst war
um dir zu gefallen
aus Angst
dich zu enttäuschen
aus Angst
dich zu verlieren

Du trägst das gesamte Leid der Welt
auf Deinen Schultern

Jeden Tag diese Angst,
diese schreckliche Angst
Dich zu verlieren.

Mit jedem Versuch dein Leben zu beenden
mit jedem Versuch bricht ein Teil in mir.
Ein Teil meiner Seele.

Mit jedem Versuch
bindest du mich,
mehr an dich

Du isolierst dich sozial.

Ich mich immer mehr mental.

Ich war dein Fundament.

Dein Boden.

Der Einbrach

weil deine gesamte Last zu schwer

für meine Schultern war

Zeitschleife

Alles wiederholt sich
Nichts verändert sich
-Du dich auch nicht

Alle meine Worte
von dir
in meinem Mund
verdreht
bis ich irgendwann
deinen Worten
selbst zu glauben begann.

Aus Angst
etwas falsches zu sagen
sagte ich irgendwann
gar nichts mehr

– GASLIGHTING

Ich möchte schreiben,
über die Liebe .
Mit gewählten Worten,
möchte ich schreiben.
doch wirklich fühlen
tue ich nur noch leere Zeilen.

Ich dachte du wärst die Lösung
aber vielleicht
bist genau du
-Das Problem

Du wurdest leise
Ich auch
jeden Tag mehr

Bis es ganz still war

Letzter Atemzug

Dieser Moment
hat mich in millionstel Teile zerschlagen
die ich nie wieder alle finden werde
die ich nie wieder so zusammensetzen kann.

Dieser Moment
als ich die Türe öffnete
bin ich mit dir gestorben.
Mein Ich.
Meine Werte.
Meine Moral.
Mein Leben.
Alles stand still.
Für ewig.

MANCHMAL
SIND
GEFÜHLTE
JAHRHUNDERTE
IN WAHRHEIT
NICHT MEHR
ALS EIN PAAR
SEKUNDEN

ALLES STEHT
STILL

Wir wollten doch auf der Party bleiben
sie niemals verlassen
unsere Party
des Lebens.
Doch hast du
den Notausgang gewählt.

II

TIEFSCHWARZ

An mein jüngeres Ich.

Ich würde dich gern in den Arm nehmen
und dir sagen, dass du echt stark bleiben musst,
aber du wirst es schaffen
Ich weiß,
es wird nicht leicht.
Du wirst fallen und alles verlieren
was du liebst.
Aber du bist so stark,
ich weiß, dass du das schaffst.
Du wirst dich selbst wieder finden.
Es wird ein langer Weg werden,
deshalb glaub an dich.
Denn ich glaube an dich.

In Liebe dein Gegenwarts- ich

In den Händen
dein Abschiedsbrief.
Eine Hand voll Antworten
Handgeschrieben auf Papier
dennoch bleiben
so viele Fragen
Fragen ohne Antworten.
Fragen,
die für immer
einfach nur
Fragen bleiben.

ALLEIN

Dieser Schmerz
dieser unerträgliche Schmerz
durchdringt mein gesamtes Sein
er lähmt mich
macht mich machtlos
schwach

-Kontrollverlust

Wintereinbruch

In den tiefen des Seins
hab ich dich verloren.
Ich bin fast erfroren,
in den tiefen des Nirgendwo
ersticke ich im Keim der Stille.
Ich renn und ich renn
kann dich nicht wiederfinden.
Wenn ich könnte
würde ich die Zeit nehmen
und an Ihren Zeigern drehen.
Bitte bring mich doch Heim
ich fühle mich verloren allein

Der letzte Strohhalm

Die Liebe die bleibt bestehen,
wie die tiefen des Ozeans.
In den weiten des Meeres
wartest Du auf mich.
Ich bin mir ganz sicher,
die Liebe bleibt bestehen.
Sie wird nie ganz verschwinden,
wie all unsere Erinnerungen.
Ich hoffe sie bleiben
und verwischen nicht,
wie Tinte,
auf diesem Papier.

HÄTTE HÄTTE FAHRRADKETTE

Meinst du
wir hätten es
schaffen können?
Hättest du nicht aufgegeben?

Meine Sicht verschwimmt
meine Lippen schmecken salzig
auch heute noch
wenn ich an dich denke

Bitte
lass mich nicht schlafen
bitte
halte mich wach
sonst träum ich
nur wieder von dir

-Morgens bin ich aufgewacht,
hab wieder,
die gesamte Nacht bei dir verbracht

Phantom

Auf der Straße
dachte ich
sehe ich dich.

Immer wieder.

Nie warst du es.
Nie wirst du es
jemals wieder sein

Die Erinnerung an Dich
liegt auf meinem Herzen
wie Staub

So viel Schmerz und Leid
so viel Liebe und Hoffnung
rückblickend auf unsere Zeit

Alles was mir bleibt
eine Hand voll Erinnerungen
an unsere gemeinsame Zeit

Klebstoff

Meine Gefühle sind Klebstoff,
sie kleben an mir,
verkleben mich und nehmen überhand.
Ich bin ein Ball
Ein Ball an Emotionen,
geladen wie eine Pistole.
Sie lassen sich nicht steuern,
sie steuern mich,
wie eine Drohne.

Mein verträumtes ich,
weit weg von jener Realität,
schwebend in einer Illusion,
in einer Blase.
Die solange mein Schutz war,
mein Schutz vor
- Realität.

Und auch ohne dich
wird der Himmel
immer eines bleiben
-blau

Die Wahrheit
sieh sie dir an
jene Wahrheit
sie wird zu
deinem Spiegelbild
der du ins Gesicht
sehen musst
-Irgendwann

Vom Winde verweht

Das was Du für mich warst,
wirst Du immer für mich bleiben.
Das was wir waren
bleibt bestehen,
Es wird niemals verwehen
wie im Wind
ein Stück Papier untergehen.

Darf ich noch über Dich schreiben?
Ich weiß es ist so lange her,
aber die Liebe die wird ewig bestehen zu Dir.
Ich liebte, jede Sekunde mit Dir.
All die kleinen Momente nachts um 3
Wie Du mir die Decke wegnahmst,
wie Du meine Decke warst.
Wie wir uns liebten
wie wir und hassten
Nachts um 3.

Die Zigaretten auf dem Fensterbrett
die vollen Aschenbecher auf dem Küchentisch
all das vermisse ich mit Dir.
Ich würde Dir gerne schreiben,
die Antwort würde ausbleiben.

Dein lachen werd ich verpacken,
in mein Herz rahmen,
so dass ich Dich niemals vergiss.
Du bleibst ewig.

Darf ich noch über Dich schreiben?
Über unsere Liebe,
unseren Streitereien
über unsere Liebe,
über die gefühlte Ewigkeit
unserer Zeit
Das was wir waren
bleibt bestehen,
Es wird niemals verwehen
wie im Wind
ein Stück Papier.

Ich weiß die Zeit ist vergangen,
wenn ich nur könnte,
würde ich an den Zeigern
an den Zeigern der Zeit schrauben
(wenn ich doch nur könnte)
Darf ich noch über Dich schreiben?
Den die Geschichte
die bleibt ewig
die bleibt ewig bestehen.
Das was wir waren

bleibt bestehen,
Es wird niemals verwehen
wie im Wind
ein Stück Papier untergehen.

Alles was Du warst,
Bleibst Du ewig für mich.
Das mit Dir bleibt ewig bestehen,
die Erinnerungen
verwehen nicht,
wie im Wind
ein Blatt Papier.

Erst mein ende
wird auch Deines sein.
Denn meine Erinnerungen bestehen ewig zu Dir.
Dein lachen werd ich verpacken,
in mein Herz rahmen,
so dass ich Dich niemals vergiss.

Der Schmerz der Zeit

Erinnerungen sind manchmal
das einzige was bleibt
Ich sollte sie verpacken
und behutsam zur Seite stellen
und es erst dann
wenn der Schmerz vergeht
wieder auspacken

Depression

Weißt Du,
wie es in mir manchmal aussieht?
Weißt Du,
wie ich manchmal fühle?
Weißt Du,
was es für mich bedeutet?

Nein.
Du kannst es nicht wissen.
Du kannst es nicht fühlen.
Weil Du
Nicht Ich bist.

Ich kann Dir viel erzählen
Ich kann Dir vieles geben.
Aber wie ich mich fühle
wirst du nie genau erfahren.

Nicht,
weil ich es Dir nicht
erzählen möchte.
Nicht,
weil ich es Dir nicht zeigen möchte.
Sondern,

weil ich selbst keine Worte dafür finde.

Ich kann es Dir nicht zeigen oder beschreiben,

weil ich es selbst nicht so genau weiß.

Was ich eigentlich genau fühle.

Viele nennen es Depression.

Aber das bin doch ich,

Ich kann doch nicht einfach ein Stück von mir heraus schneiden.

Es sezieren.

Es auf den Teller legen und Dir anbieten,

hier hast du ein Stück meiner Depression,

probier mal ,

nur um es besser zu verstehen.

Ja ich würde so gerne,

diesen seltsamen,

nichts fühlenden Teil von mir ablegen.

Aber es geht nicht, denn dieser Teil gehört zu mir.

Das bin ich.

Ich bin meine Depression oder wie man es auch nennen mag.

Und das ist irgendwie auch okay.

Es ist okay, dass ich an manchen Tagen nichts fühlen mag.

Es ist okay, dass ich an manchen Tagen niemanden sehen mag.

Es ist okay, dass ich manchen Tagen nicht aufstehen mag.

Und es ist okay, dass du mich nicht fühlen kannst.

Aber es wäre auch vollkommen okay,
wenn Du da wärst,
mich mit mir nicht alleine lässt
und einfach da wärst.
Nicht um mich zu verstehen.
Sondern, um mir das Gefühl zu geben
Gefühle zu haben
und nicht einsam mit mir
und meiner sogenannten Depression zu sein.

An Tagen wie diesen

An Tagen wie diesen
wäre ich gerne am Meer
also setze ich mich
auf das Fensterbrett
schliesse die Augen
lass mir dir Sonne
in das Gesicht scheinen
und träume
von den Wellen
dem Rauschen
und dem Wind

Es ist fast
als wäre ich dort
am diesem Ort
-Am Meer

III

SUCHE

Mosaik

ich hab mich verloren
war nicht immer ehrlich zu mir
ich brauch Zeit
Zeit zum heilen
ich brauch Zeit
mich wieder zu finden
Ich brauch Zeit
um mich wieder zusammenzusetzen.
Die ganzen Teile
liegen am Boden
verteilt.

Ich brauch Zeit
mich zu reparieren.

Lost in translation

Mein Herz
es spricht zu mir
Ich weiß nur nicht genau
was es mir sagen möchte

Ich glaube
wir sprechen nicht
die selbe Sprache
noch nicht

Es ist an der Zeit
eine neue Sprache zu lernen
die Sprache
meines Herzens

LANGSAM DREHT MEIN HERZ DEM VERSTAND DEN HAHN ZU

Mein Herz ist nicht nur schwer,
es ist voll mit Gefühl.

Mein Verstand hingegen,
kommt so oft nicht zu Wort,
weil mein Herz so viel lauter ist.
Obgleich es schreit oder spricht.
Viel zu oft verstehen sich die beiden nicht,
aber das ist meinem Herzen egal
weil es eben lauter ist.

Da liegt es wieder,
mein verletztes Herz.
Auf dem Boden der Tatsachen.
Mein Verstand steht daneben,
Den erste Hilfekoffer in der Hand.

Mein Verstand ist wütend:
„Ich habs Dir doch gesagt, du dummes Herz.
Jetzt darf ich dich wieder retten“

Mein Herz weinerlich:
„Du weißt doch wie es ist ... “

Wenn dein Herz

Wiedermal so schwer ist

Dass es dir

Die Luft zum Atmen nimmt

Dann hör in dich rein

Dein Herz hat dir

Sicherlich vieles

Mitzuteilen

NOTFALLS: HÄNG EIN PAAR HELIUM
LUFTBALLONS DARAN

Kannst du mich
ganz kurz halten?
Sonst wirft mich
das Leben
wieder aus der Bahn

Der Geruch der Vergangenheit

Ein Geruch
Der mich immer
Und immer wieder
Überwältigt
Der mich zurückholt
Zurück in das Früher
In das was mal war
So schön und schmerzhaft zugleich
Dennoch bleibt es
Der Geruch
Der Vergangenheit

Luftschlösser

Viel zu oft träume ich von entfernten Realitäten.
Baue Schlösser aus Luft
Tag ein, Tag aus.
Manchmal hab ich das Gefühl,
ich bin zu wenig in der Realität.
Aber in meinen Träumen,
ist der Regen warm.
Das Wasser glitzert.
Die Wolken sind weich,
wie Zuckerwatte.
Ja, vielleicht lad ich Dich mal ein,
in mein Gedankenheim
und Du darfst hinein
in mein Schloss
aus Luft.

Kosmos

Immer wenn ich das Gefühl habe
meine Sorgen wären zu groß
dann denke ich an das große Ganze
an die Planeten
die Galaxien
den Kosmos
und schon fühlt sich alles
gar nicht mehr so problematisch an

Granit

Reiß sie ein,
die Mauern aus Stein.
Du bist härter,
als Granit.
Narben sind stärker
als Haut.
Seh Dich an,
du bist perfekt
unperfekt.
Reiß sie ein,
alles aus Stein.
All deine selbstgebauten Mauern,
Reiß sie ein.
Lass Dich frei,
du bist ein Schmetterling aus Gold.

Wege

Ich laufe
ich laufe auf Wegen
oh nein
eher daneben.
Die Spur halte ich nie
es geht eher Querfeldein
ohne Richtung und ohne Ziel.
Wohin es mich führt
weiß ich nie.
Ob, es richtig ist
frag ich mich nie.
Weil jeder Weg
hat irgendwo ein Ziel.

Neuanfang

In den Rückspiegel blickend
Seh ich dich
Fern am Horizont
Im Sonnenlicht
Um stark zu sein
Dachte ich
Brauche ich dich
Jetzt bin ich
Auf meinem eigenen Weg
Allein ohne dich
So viel stärker und leichter
Im ganz neuen Licht

Die Sonnenstrahlen
Glitzern auf meiner Haut
Das Licht erhellt meinen Verstand
Es ist als würde ich
Auftauen
Nach eisigen Zeiten

Nach diesen Zeilen
Fange ich an zu heilen

SONNENUNTERGÄNGE LASSEN MEINE
ARKTIS SCHMELZEN

Zwischen all den Scherben,
die Du hinterlassen hast,
hab ich mich selbst gefunden
-Wieder

NICHT ALLE POSITIVEN
VERÄNDERUNGEN
FÜHLEN SICH ANFANGS
POSITIV AN

IV

SEHNSUCHT

DIE ART WIE DU BEHANDELT
WIRST
ZÄHLT SO VIEL MEHR
ALS DIE LIEBE
DIE DU FÜHLST

DU MUSST NIEMAND ANDERES
SEIN
UM GELIEBT ZU WERDEN

Die Wahrheit ist
ich brauch dich nicht mehr
je tiefer ich in mich blicke
umso mehr spüre ich
ich habe dich nie
gebraucht.

Früher dachte ich,
ich würde jemanden brauchen
um mich vollständig zu fühlen.

Jetzt weiß ich,
dass ganz allein ich
vollständig bin.

Jeder der neben mir steht,
ist eine Bereicherung
und
keine Erwartung mehr.

Fundsache

vielleicht
sollten wir viel öfter
die Steine
die im Weg liegen,
genauer betrachten
es könnten
auch kleine Diamanten dabei sein,
die wie vor lauter
Geröll übersehen.

Lichtspiel

Ich war mir doch so sicher,
dass mein Herz in tausend Teile zersprungen ist.
Aber jetzt weiß ich:
Herzen zerbrechen nicht,
sie werden zum Mosaik
und spiegeln sich
im Licht.

Liebes Vergangenheits-ich

es war nicht deine Schuld

In liebe

Dein Zukunfts-ich

Vielleicht bin ich
zerbrochen
aber all die Scherben
haben ein
neues Kunstwerk
ergeben

MANCHMAL IST ATMEN AUCH GENUG

Heute fühle mich unsicher,
etwas entfernt von mir selbst.
Alte Gefühle sind Präsent,
alte Glaubenssätze
in der Gegenwart.
Aber ich weiß
es ist nur ein Moment,
ein einzelner Tag.
Gestern war ich noch hier,
hier bei mir,
so nah,
so da,
so präsent.
Morgen,
werden die Karten
neu gemischt.
Alles ist möglich.
Auch dass es morgen
wieder wie
gestern wird.

Gold

Liebes Ich
schau in dich hinein
in Dein Herz
aus Gold.
Dieses Herz das bist Du
es ist Dein.
Sei gut zu Deinem Herzen.
Denn
dass was am längsten wärt
das bist Du .

In liebe Dein Ich

Liebe Angst

Ich laufe dir entgegen
denn ich will dich nicht mehr so
in meinem Leben
du hast besitz von mir ergriffen
wie ein Parasit
und kontrollierst mein Leben
du brichst jedes mal
wie eine Welle
über mich hinein
du gibst mir das Gefühl
an meinen Emotionen
zu ertrinken
du machst mich stumm.

Heute bin ich mutig
und laufe dir entgegen
denn ich will dich nicht mehr
in meinem Leben

Woher soll ich Wissen
wie leben geht
bin hier doch auch
zum ersten Mal
auf dieser Welt

Mehr als nur ein Wunder

Du bist ein atmendes Wunder.
Dein Herz schlägt nur für dich
100 000 mal am Tag.
Deine Lungen ziehen Luft,
20 00 mal am Tag
nur für dich.
Dein Körper funktioniert
wie ein Uhrwerk,
nur für dich.

DU UND ICH

WIR SIND ALLE GLEICH

DENN WIR BESTEHEN ALLE

AUS STERNENSTAUB

Wir leben auf einem Planeten, dessen Natur so viel schöner ist, als das, was wir jemals selbst erschaffen könnten.

Wir sind Teil einer Galaxie, deren Größe unser Verstand nicht ansatzweise greifen kann.

Wir tragen die Elemente des Universums in uns. Die Atome kommen von weit entfernten Sternenhaufen und der Milchstraße.

Wir sind alle gleich und dennoch so verschieden.

Wir sind Teil eines großen Ganzen.

Einzigartig

Ich sehe,
ich höre,
ich rieche,
ich schmecke,
ich spüre,
ich nehme wahr,
das ist meine Wahrnehmung,
meine Wahrheit.
Sie ist rein subjektiv.
Sie ist die Summe
von Erfahrungen,
Glaubenssätzen,
Werten,
einfach alles,
was dich zu dem macht
wer du du bist.

JEDER TAG IST EIN NEUER TAG DEN DU SO NOCH NIE ERLEBT HAST

Mit jedem Tag
gehe ich ein Schritt weiter,
einen Schritt weiter
auf meinem Weg,
meiner Reise.
Mit jedem Tag,
lerne ich an Erfahrungen.
Mit jedem Tag,
werde ich ein Stückchen älter.
Mit jedem Tag,
ein Stückchen weiser.
Ja,
mit jedem Tag.
Mit jedem neuen Tag,
hast du die Möglichkeit
dein Bestes zu geben.
Mit jedem neuen Tag,
hast du die Möglichkeit
dein Leben zu leben.

WENN WIR NICHT DARÜBER
SPRECHEN
WIE WIR UNS WIRKLICH FÜHLEN.
WOHER SOLLEN DENN
DIE ANDEREN WISSEN
WIE WIR UNS FÜHLEN

Lasst uns doch mehr über Gefühle sprechen,

über das was uns ausmacht,

über das was so viel Raum einnimmt,

aber manchmal auch so schwer zu benennen ist.

Lasst uns ehrlicher sein,

zu uns und zu anderen.

Denn was bringt all der Schein?

Wenn wir alle so tun,

als wären wir leere Hüllen und uns nur über das definieren was wir provisorisch besitzen.

Denn, wenn wir diese Welt verlassen,

bleibt der neue BMW doch nur in der Garage stehen und den werden wir,

wie vieles anderes nicht wiedersehen.

UND EIGENTLICH HAST DU
DOCH KEINE AHNUNG WIE VIEL
ZEIT DIR NOCH BLEIBT

Frühling

Es ist so schön zu sehen
wie du dich veränderst
wie gefühlt aus dem nichts
neues entsteht.
Wie du mir Wachstum lehrst.
Wie du mir neue Kraft gibst,
mich nach draußen lockst,
mir neuen Mut verleihst.
Vielleicht ist es auch
das grün,
welches mir
neue Hoffnung schenkt.

NICHT DIE ZEIT HEILT DEINE WUNDEN, ABER DU KANNST DEINE WUNDEN HEILEN, MIT DER ZEIT

HEILUNG VERLÄUFT EHER SO:

ALS SO:

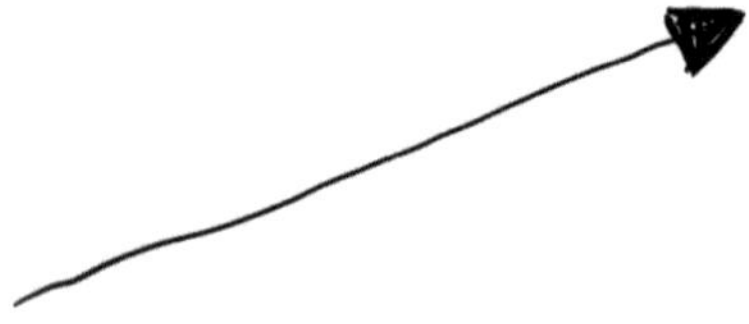

GRASHALME WACHSEN AUCH
NICHT SCHNELLER
WENN DU DARAN ZIEHST

Die Melodie der Realität

Die Welt erscheint voller Fake,
besonders Social Media ist teilweise echt gestellt.
Du scrollst durch deinen Feed
und unterbewusst
löst es etwas in dir aus?
Weil dein Leben nicht dieses darstellt?
Du siehst,
deine Makel und Fehler
und wärst so gern auch in dieser Welt,
voller Fake.
Sorgenfrei,
am Strand von Bali,
dabei windest du dich
im Homeoffice,
in der Beziehungskrise,
ganz ohne Filter
in der echten Welt.
Auch, wenn du glaubst,
dass alles, was du siehst, sei Real,
kann ich dir guten Gewissens sagen,
dass, es genau das nicht ist.
Es ist gestellt,
gehighlighted in Lightroom,
Unreinheiten gestempelt in Photoshop
vor den schönsten Kulissen,

dieser Welt.
Aber auch diese Menschen
kämpfen mit denselben Problemen.
Auch, wenn es nicht so scheint,
sie haben das gleiche Leid.
Denn hinter der Kamera,
was du nicht siehst,
spielt das Leben
die Melodie
der Realität.

LASS DOCH LOS

SONST HAST DU DEINE HÄNDE NICHT FREI

Wenn du fliegen willst,
dann lass los.
Wenn du Deinen Ängsten in die Augen schaust
findest du Deinen Weg,
um Deine Grenzen zu verschieben.
Loslassen gibt dir die Kraft
wieder zu erblühen.
Es ist der Dünger
für dein Wachstum.

Liebes ich

Hörst du mich?
Hier spreche ich
Dein inneres ich
Eine bitte an dich
Sei doch nicht so streng
Zu deinem ich

Selbstliebe

ist nicht nur:

„Tu dir was gutes“.

Selbstliebe ist mehr:

„Was mag ich eigentlich?“

Und

„Wie bin ich eigentlich?“

Und viel mehr von:

„Wie rede ich eigentlich mit mir?“

DAS GEHEIMNIS HINTER VERÄNDERUNG LIEGT IM TUN

So oft habe ich gedacht ich verändere was.
So oft ist es nur ein Gedanke geblieben.
So oft habe ich mir alles schwarz gemalt,
so oft die Dinge zerdacht.
Je mehr ich dachte,
umso weniger machte ich.
Erst als ich meinem Gedankenstrudel
nicht mehr die Macht gab.
Habe ich mehr gemacht als gedacht.
Je mehr ich machte,
als ich dachte,
umso mehr veränderte sich in mir
und die Welt um mich herum.

MANCHMAL MÜSSEN WIR
BERGE ERKLIMMEN UM DIE
PERSPEKTIVE ZU WECHSELN

In der Höhe,
wirkt so vieles nichtig,
vielleicht nicht ganz so wichtig.
Vielleicht sollten wir öfters mal
einen Berg erklimmen,
wenn unsere Sorgen
zu viel Macht gewinnen.

Wir wissen doch alle nicht wie es richtig geht

Weißt du, liebes Ich.
es gibt ein paar Dinge,
die ich Dir mit auf den Weg geben möchte.
Du musst dich nicht verstecken oder verrenken.
Wir haben doch alle nicht den Plan,
wie es richtig geht.
Sonst wäre auch nicht überall auf dieser Welt
Hass und Krieg.
Komm mit, ich nehm dich an die Hand,
lauf mit mir durchs Land.
Ich will dir was zeigen, dir mitteilen.
Hier bei uns.
sind die Menschen
taub vom Überfluss,
jagen nach der Illusion,
Sicherheit,
streben nach dem perfekten Lebenslauf.
Sind Geißeln der Industrie
und alle machen mit.
Sind vieles,
nur nicht mehr Mensch.
Denn sie arbeiten sich auf
für den perfekten Lebenslauf.
Genau da hört doch dein Leben auf.
In der Wirtschaft zählen wir nicht als Individuum,
sondern nur als Konsument.

Alles dreht sich nur ums Geld,
Aber was bringt das ganze Geld,
wenn Du keine Zeit mehr hast,
es auszugeben?

Du legst es an,
baust ein Haus.
In dem du nur noch schläfst,
weil du den ganzen Tag
nicht zuhause,
sondern auf der Arbeit lebst.

Ich nehm dich an die Hand,
sieh her,

Angst plagt das Land,
Angst vor dem Unbekannten,
Angst um Ihre Existenz.

Aber Die Angst entsteht doch nur im Kopf,
geschürt von den Medien.
Sie legen Feuer,
füttern die Angst.
Die Angst fühlt sich pudelwohl und wächst
und gedeiht.

Das Symptom der Angst
wird gestopft mit
der Illusion Sicherheit,

also kaufe Dir Versicherungen
und den ganzen Scheiß.

Oder du belügst dich selbst,
und gönnst Dir ein neues Smartphone.
So als eine Art Schmerzensgeld.

Und da freut sich die Marktwirtschaft,
sie grinst.
Und das eigentliche Problem der Angst bleibt.
Sie lindert nur das Symptom.
Sie stopft nur das Leck,
für einen kurzen Moment.
Die Ursache muss gefunden werden.
Denn die Angst,
sie ist nicht echt,
sie ist nicht real.
Sie ist nur in deinem Kopf.
Gefüttert von dem Leistungsdruck der Marktwirtschaft.
Also frag ich mich:
Wieso dieser Druck?
Wir wissen doch alle nicht,
wie das richtig geht!
Sonst wäre doch nicht auf dieser Welt
Überall Hass und krieg.
Denn das Kostbarste, was wir haben in diesem Leben
ist Zeit,
und diese kannst Du Dir nicht erkaufen.

Was bringt dir ein neues Auto
im Sterbebett?

Wenn Dir keine Zeit mehr bleibt,
wenn alles was dir bleibt,
deine Karriere war,
für einen Konzern,
der dich schon längst ersetzt,
vergessen hat.
Sieh her, ich will dir was zeigen,
ich nehm Dich an die Hand und lauf mit Dir durchs Land,

Also mach Dich frei,
denn die Schönheit liegt im Detail.
Du brauchst nicht viel Geld um das zu entdecken.

Du muss dich nicht verbiegen oder verstecken.
Es ist okay zu träumen,
anders zu sein.
Leb für Dich
Und nicht für den Lebenslauf.

Was ich Dir mitteilen wollte, liebes Ich,
das Geheimnis hinter dem Leben
Ist nicht der Lebenslauf.

Sondern leben,
wofür es da ist,
das Leben

Hab keine Angst
Vor dem
Was kommt
Hab keine Angst
Vor Veränderung
Denn die einzige
Sicherheit
-ist der Wandel

Zeit > Leben

Nicht mal einen Bruchteil der Zeit
bin ich
nicht mal einen Bruchteil der Zeit
bist du
lass uns diesen Bruchteil der Zeit nutzen
lass uns Sterne zählen
lass unsere Haare vom Wind berühren
lass uns den Geruch vom Meer einfangen
lass uns Freude teilen
lass uns auch in schweren Zeiten füreinander da sein
lass uns Sein
lass uns Leben

SEI MUTIG UND DU SELBST
DU MUSST NICHT
DER WELT GEFALLEN
SONDERN DIR SELBST

Denn das braucht die Welt.
Mehr Liebe, mehr Selbstfürsorge
und mehr Mut zum anders sein.
Nicht die Menschen,
die sich ihre Flügel stützen lassen
verändern die Welt
Sondern die,
die sich ihre Flügel nicht nehmen lassen.

JE MEHR DU
DU SELBST BIST
UMSO MAGISCHER
WIRD DEIN LEBEN

V

IM LICHT

DU DARFST

DICH LIEBEN

AUCH WENN DU

IMMER NOCH

IN "ARBEIT" BIST

Lila Wolken

Wolken,

liegen wie ein Filter

über der Stadt.

Melancholie,

liegt in der Luft.

Der Himmel,

berührt ganz sanft

meine Haut.

Es scheint,

als würde

sie stillstehen.

Die Stadt.

L (I) E B E

Ich fand Dich
In diesem kurzem Moment
Als ich nicht suchte

Dieser eine
Kurze Moment
Der alles verändern kann

Dieser Moment
Der alles veränderte.

Dieser Moment
Als wir uns
Zum ersten Mal Begegneten

Ich kann es nicht laut sagen,
Ich kann es nicht flüstern,
Ausgenommen diese Zeilen:
Vielleicht bist Du,
Diese eine Person,
Auf die ich gewartet habe.
-Vielleicht

AM ENDE DES TAGES
GIBT ES NUR NOCH UNS
UND DIE STERNE ÜBER UNS

Ich will dir was zeigen

das zwischen den Zeilen

das was du nicht sehen

aber fühlen kannst

ich kann so viel

über Liebe schreiben

aber um was es

sich hier dreht

ist der Raum

zwischen den Zeilen

Ich kann dir

nicht sagen

dass ich dich brauche

oder du mich brauchst

das was zählt

das einzige was zählt

dass wir uns

gefunden haben

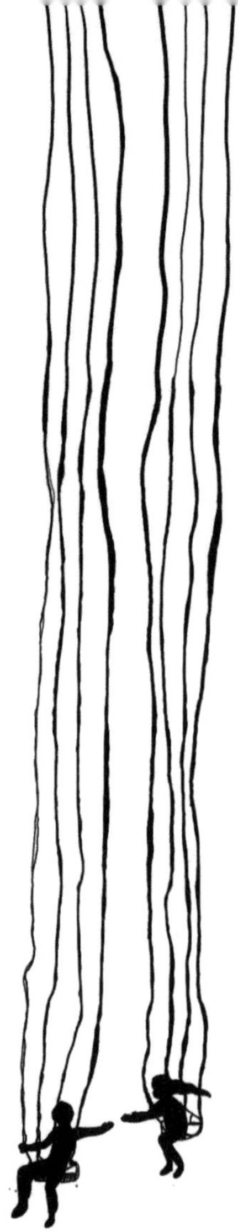

IST DIE ANTWORT NICHT

FAST IMMER L(I)EBE?

Eintauchen

Ich möchte

in deine Seele blicken

eintauchen

dich fühlen

dich spüren

sehen wer du wirklich bist

sehen was du wirklich willst

Siehst du sie leuchten

die Sterne

hoch im Himmel

ja genau

die über uns

genauso strahlt mein Herz

von Innen

wenn ich

in deine Augen blicke

Oh

ich hoffe

dass wir nach

unzähligen Jahren

immer noch sind

gemeinsam auf der Terrasse sitzend

über die Geschichten redend

die uns zu dem gemacht haben

wer wir geworden sind

Hey Leben,
dich zu verstehen,
hab ich intelligenter Weise aufgegeben.
Du bist ein Wunder,
sogar das größte Wunder,
für mich.
Ich verteufle dich viel zu oft,
dabei bist du der einzige Grund,
das ich dass überhaupt kann.
Im Grunde
gibt es auch nichts zu verstehen,
sondern nur zu leben.
In unserem einzigartigen Leben.
-Danke dass es dich gibt.

WENN ES DICH

GLÜCKLICH MACHT

MUSS ES KEINEN

SINN ERGEBEN

Sinn,
hat für jeden von uns eine andere Bedeutung,
besonders wenn es sich um den Inhalt dreht.
Was für mich Sinn ergibt,
gilt nicht automatisch für dich und auch umgekehrt.
Sinn ist etwas Persönliches.

Diesen Sinn im Leben habe ich lange gesucht, bis ich irgendwann für mich selbst herausfand, dass dieser Sinn, vielleicht so gar nicht existiert, es nicht unbedingt eine tiefe Bedeutung haben muss, um meinem Leben hier Sinn zu verleihen.

Diese Zeit, die mir hier auf diesem Planeten geschenkt wurde, muss keinen Sinn ergeben, es darf auch absoluter Zufall sein und dennoch kann ich meinem Leben Sinn verleihen.Indem ich lebe, nichts unversucht lasse. Das mache, was mir Freude bereitet und alles aufsauge, was die Welt so zu bieten hat.

Ich möchte nicht am Ende meines Lebens, mir eine dieser Fragen stellen müssen:

"WAS WÄRE WENN?"

"WAS WÄRE GEWESEN, WENN ICH MIR ERLAUBT HÄTTE, GLÜCKLICHER ZU SEIN?"

"WAS WÄRE GEWESEN, WENN ICH AUF MICH SELBST GEHÖRT HÄTTE?"

Ich möchte mehr ein:

"ES WAR SCHÖN HIER ZU SEIN"

"DANKE, DASS ICH DIESEM LEBEN SINN VERLEIHEN DURFTE"

DU MUSST DAS GLÜCK NICHT SUCHEN

DU TRÄGST ES IN DIR

Ist das Glück ein Moment, den du kurz in deinen Händen halten darfst, bevor er wieder rinnt?

Oder liegt es inmitten deiner Reise am Straßenrand und du musst es nur einsammeln?

Vielleicht trägst du es auch in dir, das Glück und du musst nur danach greifen?

Was es auch immer es ist, all das ist für mich ein Teil davon.

Viele Wege führen nach Rom und so auch zum Glück.

Vielleicht wird das Glück zwar nicht am Straßenrand auf dich warten, aber du kannst es gezielt in dein Leben einladen.

GLÜCK

~~ZUFRIEDENHEIT~~

~~LEBEN~~ IST MEHR EIN GEFÜHL

ES IST DIESES IM MOMENT

SEIN

AN DEM DU ALLES

UM DICH HERUM VERGISST

UND EINFACH NUR BIST

Ich habe mich
in Sonnenuntergängen
verloren
nur um festzustellen
dass ich
meine eigene
Sonne bin

UND DANN KOMMT DIESER EINE

MOMENT

AN DEM DU DICH UMDREHST

UND BEMERKST

WIE WEIT DU DOCH SCHON

GEKOMMEN BIST

„Sie mich an, liebes Vergangenheit-ich,
ich denke darauf können wir echt stolz sein,
es war nicht immer leicht,
aber sieh mich an,
dafür haben wir es echt gut gemacht“

WAS BEDEUTET FÜR DICH
LEBEN?